JN074625

 M&A Booklet

Modelling

プロフェッショナル
財務モデリング

―入門と実践―

PwC アドバイザリー合同会社
中尾 宏規〔著〕

中央経済社

M&Aブックレットシリーズについて

　私は約30年間M&Aの世界に身を置いている。

　この間、国内外のさまざまな企業による多くの実例が積み上がり、今では連日のようにM&Aに関連する報道が飛び交っている。一方で、「M&Aってどんなこと？」と敷居の高さを感じる方も多いのではないだろうか。

　本シリーズはこの現状に一石を投じ、学生や新社会人からM&A業務の担当者、さらにアドバイスする側の専門家など、M&Aに関心のあるすべての方々にご活用いただくことを念頭に、「M&Aの民主化」を試みるものである。

　本シリーズの特徴は、第一に、読者が最も関心のある事項に取り組みやすいよう各巻を100ページ前後の分量に「小分け」にして、M&A全般を網羅している。第二に、理解度や経験値に応じて活用できるよう、概論・初級・中級・上級というレベル分けを施した。第三に、多岐にわたるM&Aのトピックを、プロセスの段階や深度、また対象国別など、テーマごとに1冊で完結させた。そして、この"レベル感"と"テーマ"をそれぞれ縦軸と横軸として、必要なテーマに簡単にたどり着けるよう工夫をこらしてある。

　本シリーズには、足掛け5年という構想と企画の時間を費やした。発刊に漕ぎ着けたのは、ひとえに事務局メンバーの岩崎敦さん、高橋正幸さん、平井涼真さんのご尽力あってこそである。加えて、構想段階から"同志"としてお付き合いいただいた中央経済社の杉原茂樹さんと和田豊さんには、厚く御礼申し上げる。

　本シリーズがM&Aに取り組むさまざまな方々のお手元に届き、その課題解決の一助になることを願ってやまない。

シリーズ監修者　福谷尚久

はじめに

　本書は財務モデリングの基礎について学ぶもので、財務モデリングとその周辺領域、実務の現場で実際に使用されているExcelショートカットや関数など、幅広い内容を扱っています。想定読者は学生、新社会人、M&Aやプロジェクトファイナンスで新しく財務モデリングに取り組む企業の担当者、その他財務モデリングに興味のある方々で、具体的には各章で以下を取り上げます。

　第1章では、財務モデリングについての理解を深めるために、財務モデルが使用される領域、業界、用途および財務モデリングの関与者について解説します。財務モデリングはパソコンとインターネット環境があれば、どこでも行うことができます。財務モデリングに関連する知見や作業によって出力される財務数値、非財務数値は世界の共通言語であるため海外とのつながりも強く、働く場所を選びません。したがって、リモートワークが推進されている昨今の情勢にも適したスキルといえるでしょう。

　財務モデリングの、魅力的で幅広い世界に興味を持たれた方向けに、第1章の最後では必要なスキルセットについても触れています。

　第2章では、財務モデリングを語るうえで必須の「モデリングガイドライン」を解説します。財務モデリングはモデル構築がゴールではなく、それを活用しながら、事業計画や投資の検討、資金調達、株主や政府などの関係者とのコミュニケーションを行うことが目的です。そのため、作成者のためだけの財務モデルでは意味がなく、誰もが理解できるよう、一定のプロセスやルールに沿って作る必要があります。第2章では、実務の現場で用いられている財務モデルの作成ステップとモデリングガイドラインについて紹介します。

　こうしたプロセスやルールは座学で学ぶだけでは不十分で、自動車の運転のように実技を繰り返し練習して慣れることが重要です。第3章にはケーススタディを2つ用意しました。回答例は、本シリーズの専用サイト（次頁掲載のURLもしくは二次元バーコードよりアクセスできます）からダウンロードできるので、これらを参考にしながら自分のものになるまで練習し、スキル向上を目指してください。

第４章では、現場の第一線で働く実務家が実際に使用するExcelのショートカットトキーや関数を、厳選して紹介しました。ケーススタディに取り組まれる際などに、適宜ご参照いただきながら効率的なモデル構築技術を身につけていっていただければと思います。

　財務モデリングを取り巻く環境は著しい速さで変化しており、直近５年間だけでも、Office365本格導入による新しいモデリングガイドラインの検討、人工知能などのテクノロジー分野と財務モデリングの融合、財務モデリングの自動化など、さまざまな興味深いテーマが議論されています。本書では、紙幅の都合で、最先端トピックを詳説していませんが、財務モデリングのダイナミズムは十分に理解できると確信しています。

　本書は2023年5月20日現在の情報に基づいて執筆されています。

Master Financial Modeler　中尾宏規

第３章２節のケーススタディの回答例は、下記サイトにアクセスのうえご利用ください。
　　https://ma-booklet.com/special-offer/modeling20240611

なお、以下の二次元バーコードからもアクセス可能です。

目次

第3章　財務モデリングにおける「モデリングガイドライン」の実践

第4章　資　料　編

第 1 章

財務モデリングとは

財務モデリングについての理解を深めるために、財務モデルが使用される領域、業界、用途および財務モデリングの関与者、その魅力について解説。

1 財務モデリング習得の必要性

　財務モデリングとは、分析対象となる事業などを抽象化して収益構造を理解し、Excelなどのツール上で四則演算などを通じて再現したうえで分析を行い、意思決定およびコミュニケーションの基礎とする一連のプロセスをいい、財務モデリングの結果として財務モデルが構築されます。

　財務モデリングは、意思決定およびコミュニケーションを効果的かつ効率的に行うための共通言語であり、社会や企業経済の中で非常に重要な分野です。例えば、会員制ビジネスを考えてみると、1,000万円の広告宣伝費によって、1人当たり15,000円を払う1,000人の新規会員が獲得できれば、差引500万円（＝15,000円×1,000人－1,000万円）の利益が出るため広告宣伝費を払うという意思決定を行うことができます。もちろん現実社会では、その他の営業費用や資金調達コストなども考慮する必要がありますが、基本的な考え方は同じです。

　また、グローバル社会における共通言語として英語が多用されていますが、ときに言語は非常に曖昧なものです。例えば、多国籍チームのメンバー総意でComfort Food（「おふくろの味」に近い意味の食べ物）を食べようと決めても、各々によってイメージする食べ物が異なるため、具体的に何を食べるかが決まりません。一方で、財務モデルを使用して分析した結果、企業の価値が12億米ドルであるとすれば、その数字自体は正しく理解されるため、客観的事実を異なるバックグラウンドの人に伝えることができます。

　昨今はSDGsやESG投資の認識も高まり、従来型の財務情報だけではなく、さまざまな要素を考慮する必要も出てきていますが、これらの分野で重視される「持続可能性」という概念には、健全な経済成長という要素が含まれており、利益や企業価値を把握することは以前と変わらず重要です。また、意外に感じられるかもしれませんが、「環境にやさしい」といった定性的と感じられる項目も、財務モデリングの技術を用いて定量的に分析されています。こうしたことからも、財務モデリング習得の必要性を理解いただけると考えます。

2 さまざまな領域、業界、用途に活用される財務モデル

　財務モデリングはさまざまな領域、業界、用途で用いられています。

　例えば、M&Aでは、さまざまなシナリオで企業価値をシミュレーションします。少し前には、COVID-19（新型コロナウイルス感染症）で落ち込んだ需要の回復予想や、今後何回波がくるのかの複数のシナリオを想定した分析も盛んに行われました。シナジーや企業価値分析に使われるKPI（Key Performance Indicator）を駆使した、需要回復が1ヵ月遅延すると企業価値にどう影響するかなどの分析です。

　財務モデルは資金調達にも活用されており、プロジェクトファイナンスでは将来キャッシュフローの予測と、それに基づいた調達可能な負債額を算出します。金融機関は財務モデルを参照しながら貸付の可否や金額の決定、そのモニタリングなどを行います。このほかにも、M&Aの承認を得るための投資家や政府機関への報告ツールともなっており、以上を整理すると以下のとおりとなります。

①領域（例）
- プロジェクトファイナンス
- M&A
- 中期経営計画や事業計画
- ポートフォリオ管理
- 財務会計報告資料の情報収集（レポーティングパッケージ）

②業界（例）
　およそどのような業界でも活用されていますが、特に多用されているのはM&Aが恒常化している業界、大きな初期投資が必要でその後のキャッシュフローでの回収が重要なビジネス、多店舗型ビジネスのように類似のユニットの集合体でビジネスが構成されている業界などです。
- 再生可能エネルギー
- 空港コンセッション[1]やスタジアム・アリーナ事業等のインフラ関連分野
- 多店舗型ビジネス（レストラン、カフェ、高級品店、調剤薬局など）

11

- テクノロジー関連企業
- メガファーマ[2]
- 製造業（医療機器、自動車、素材の製造販売など）
- 不動産
- リース

③用途（例）
- 社内の事業計画や中期経営計画策定
- ディール[3]やプロジェクトの検討
- 資金調達
- 株主や政府など関係者各位とのコミュニケーション

④地理的な広がり
　財務モデリングの作業は場所を選ばず、使用される主要言語は英語で、アウトプットは数値で示されるため、共通言語として世界中でコミュニケーションできます。このような事情から、日本国内でもチームの多くが日本人でないことも珍しくなく、海外のチームに指示を出して作業を依頼することも比較的容易です。リモート環境も含め、柔軟な業務対応が可能なことも、財務モデリングの特徴です。

3 財務モデリングへの関与の仕方

①財務モデルの構築
　財務モデリングと聞いて一般に想像されるのは、財務モデルの構築だと思います。ただ、財務モデルの構築1つを取っても、財務モデルを実際に構築する人、詳細に1行1行レビュー（ライン・バイ・ライン・レビュー）を行う人、会計や税務の観点からテクニカルなレビューを行う人、ハイレベルな観点からトップ・

1　利用料金の徴収を行う公共施設について、施設の所有権を公共主体が有したまま、施設の運営権を民間事業者に設定する方式。
2　ロシュ、ファイザー、ノバルティスといった巨大製薬企業。
3　「取引」「契約」「売買」などの意味を持つが、ここでは最初の交渉から合併等の合意までの一連のM&A取引を指す。

ダウン・レビューを行う人など、さまざまです。

②財務モデルのレビュー

　財務モデルレビュー（監査）という役割もあります。プロジェクトファイナンスでは、資金調達のために財務モデルを金融機関に提出する際、第三者の財務モデリング専門家によるレビューを要求されることが通常です。モデル・ロジック・レビュー、ドキュメントチェック、VBAコードレビュー、感応度分析などのレビューを行った後に専門家から報告書が発行され、これを金融機関に提出します。

　財務モデル作成者自身がレビューをして意見表明する「自己レビュー」を避けるため、レビューアーではなくレビュー依頼者が、指摘されたエラーやコメントを参照しながら財務モデルを更新します。

③財務モデルの簡易診断

　財務モデルレビューは専門家が詳細にレビューするため、投入されるリソースや費用は相応に大きくなります。特に欧米諸国では、よりシステマティックに財務モデルのリスクを把握する試みがなされてきました。

　例えば、モデル・ヘルス・チェックでは、検証対象の財務モデルが、ガイドラインに従って作成されているか、財務モデルは複雑か、財務モデルの前提やアウトプットを分析した結果、不自然な点やリスクの高い点は検出されないか、限定的なレビューにより潜在的なエラーが検出されないか、といった観点から財務モデルを評価します。

　ファイルサイズ、使用されている計算式の複雑性、リスクの高いExcel関数の使用といった定量的指標から、ある程度システマティックに財務モデルを評価できるため、財務モデルのレビューと比較すると、より少ないリソースで財務モデルの概観を把握できることがメリットです。

　モデル・ヘルス・チェックよりも、さらに自動化を進めたモデルリスク診断（Model Risk Diagnostic）という手法も開発されています。

4 財務モデリングに必要なスキルセット

　財務モデリングでは、複雑なモデリング対象を定量的に重要な部分を漏れなく抽象化し、シンプルにわかりやすく落とし込む必要があるため、さまざまなスキルが要求されます。

①テクノロジー

　財務モデルはExcelなどのツールを使用しますので、スプレッドシートおよびその周辺のソフトウェアを高度なレベルで使いこなせることは重要です。また、プロジェクトファイナンスの分野では、循環参照を避けるために、頻繁に使用されるVBAコードの知識も必要です。

　近年は、モデルの前提条件を分析するためのデータ分析手法や、結果をわかりやすく示すためのBIツールの活用等も求められるようになってきました。

②会　計

　財務モデルの一義的なアウトプットは財務三表になりますので、会計知識は必須です。損益計算書、キャッシュフロー計算書と連動して貸借対照表をバランスさせる感覚は、財務モデリング初級者のうちに身につけておくべき必須のスキルです。

③監　査

　財務モデル内で、物事を整合させるという視点は非常に重要です。単純な例ですが、全国に店舗を持つ飲食店のモデルを構築する場合、地域別の店舗数合計は、全店舗数に合致するはずです。当たり前の話ですが、うっかり見逃されている事例も実は多くあります。

④ファイナンス

　財務モデルではリターンとリスクを評価します。リターンは事業価値（Enterprise Value, EV）や内部収益率（Internal Rate of Return, IRR）などを用いるのが代表的です。リスクは、資金の性質によって異なりますが、有利子負債／

EBITDA、EBIT／支払利息、Debt Service Coverage Ratio（DSCR）などのカバレッジ指標やD／E比率などの財務レバレッジ関連指標を用いるのが代表的です。

⑤税　務

キャッシュフローに直接影響を与えるため、法人税等、繰越欠損金、資産調整勘定および損金算入の可否など、幅広い知識が要求されます。

海外取引での配当は、関係諸国間の租税条約の知識が必要になり、外国税額控除、タックスヘイブン対策税制、過少資本税制、移転価格税制などの国際税務の知識も重要です。日本国内の取引でも、地方税まで含めた詳細な税務モデリングが要求される場合もあります。このような場合には、税務の専門家と協力しながら対応することもあります。

⑥ビジネス

ビジネスは多種多様です。初期投資が大きく建設後は買取制度で投資を回収する従前型の太陽光発電事業、店舗運営が肝となる多店舗型ビジネス、製品やパイプライン管理に注力するメガファーマでは、収益ドライバーやコスト構造が全く異なります。また、ビジネスも急速に変化しています。

ビジネスの違いや変化を適切に財務モデルに落とし込むためには、ビジネスの特徴と企業価値向上に向けた施策、ビジネスにおける重要論点、意思決定に最もインパクトを与える要素などの理解が必要です。

⑦法　律

モデリング対象となる事業が規制産業の場合や、TK-GKスキーム[4]といった特殊なスキームを活用する投資ファンドの場合などには、法律的な知識も必要になることがあります。

⑧英　語

財務モデルは英語で作成することも一般的です。海外の知見をいち早く取り込む際にも、英語は役に立ちます。

4　合同会社と匿名組合を組み合わせた投資スキーム

⑨コミュニケーション能力

　財務モデルはコミュニケーションツールでもあるため、作業を遂行するためには、さまざまな専門家と協業し、関係者と密に検討するため、議論をリードできるコミュニケーション能力が必要になります。

　財務モデリングで必要なスキルは多岐にわたりますが、テクノロジーを使うこと自体が目的となってしまい、結局は何の役にも立たないようなモデルを作成してしまう罠に陥らないよう、目的意識を持ちながらスキルセットをバランスよく身につけることが重要です。

第 **2** 章

財務モデリングにおける 「ガイドライン」

財務モデリングを語るうえで必須の「モデリングガイドライン」を解説。また、実務の現場で用いられている財務モデルの作成ステップを紹介する。

1 はじめに

　第1章では、財務モデリングについて理解を深めてきました。第2章では、財務モデルの構築方法について学んでいきましょう。

　優れた財務モデルとは、さまざまなシナリオや感応度分析の結果を理解しやすいかたちで提供することができ、意思決定およびコミュニケーションに資するものをいいます。

　一方で、財務モデルを構成する要素は複雑多岐にわたります。例えば、インプット、計算、アウトプットという区分があり、インプットの中にも利用者が自由に変更してよいものと、財務モデルを機能させるためのもので利用者による変更が想定されていないものがあります。

　機能による分類では、オペレーション、設備投資、ファイナンス、税金などがあり、それぞれに関連するパラメーターやKPIを取り扱う必要があります。また、時系列（過去、予算、予測）、粒度（年次、四半期、月次、日次）、計算単位（連結、単体、勘定科目）、通貨および言語といった検討要素もあります。

　アウトプットの見せ方では、財務三表、リターン指標、リスク指標、非財務KPIなどについて全社、事業別、地域別、顧客別、店舗別等のうち、どの単位で見せるのかについても検討する必要があります。そして、あるKPIの変動によってアウトプットがどの程度変動するのか、それぞれのシナリオでアウトプットがどのように変わるかについての分析を行います。このような分析は、意思決定およびコミュニケーションに資するよう、わかりやすく表示する必要があります。

　このように、財務モデリングを行ううえでは考慮するべき事項が多くありますが、これらを漏れなく考慮したうえで、優れた財務モデルを作成するための方法論については、さまざまな団体が提案する「モデリングガイドライン」が存在しています。これらは体系化の方法や細部について差異はあれ、コアな部分については共通の原理原則がほとんどです。

　本書では、「PwCグローバル・フィナンシャル・モデリング・ガイドライン」を例として取り上げ、解説を行います。

　以下では、はじめに、財務モデルの標準的な作成ステップ（**図表2-1**）について解説します。その後、財務モデルを構築する際に従うべきガイドラインにつ

図表2-1：財務モデルの構築ステップ

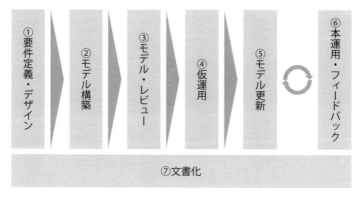

①要件定義・デザイン ②モデル構築 ③モデル・レビュー ④仮運用 ⑤モデル更新 ⑥本運用・フィードバック

⑦文書化

いて詳述します。最後に、簡単なケーススタディーを通じて、モデリングガイドラインを適用しながら財務モデルを構築していただきます。

　財務モデリングは自動車の運転に似ているところがあります。ルールについて学ぶことは非常に大切ですが、学んだ後は、実際にどれだけ自分で考えながら手を動かしてみたかという経験値が鍵となります。

2 財務モデルの構築ステップ

①要件定義・デザイン

　財務モデルを構築する場合、まずはモデル構築の計画を立てます。特に財務モデリングの専門家が関与するような案件では、モデリング対象は複雑になる傾向があり、また関与者も多くいることが通常です。要件定義・デザインのステップを通じて、これからどのような財務モデルを構築しようとしているのかについて、関係者と認識のすり合わせおよび合意をしておくことが重要になります。

　初期的に合意した財務モデルの要件およびデザインを文書化しておくことで、モデル構築やレビューのステップをスムーズに進めることができ、また後々に財務モデルが作り直しとなるリスクを最小限に抑えることができます。

　要件定義・デザインのステップでは、ドライバーツリーおよび要件定義書（Specification Document = Spec Doc）が作成されます。ドライバーツリーは、財務モデルの計算ロジックを可視化したものです（**図表2-2**）。

図表2-2：ドライバーツリーの例

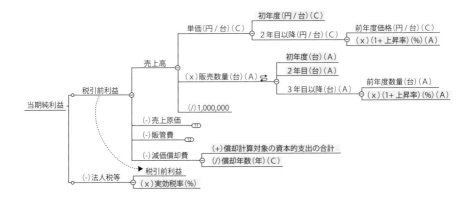

　ドライバーツリーにおいては、各構成要素がそれぞれどのような式なのかが詳細までブレイクダウンされ、計算粒度や単位についても記載されます。さらに、どの項目がインプットでどの項目が計算式なのかについても明示されます。

　図表2-2の例では、損益計算書の全体的な構造と売上高のブレイクダウンのみを示しています。

　損益計算書の一番下の科目は当期純利益となっており、税引前利益から法人税等を引くことで計算されています。

　税引前利益は、売上高から売上原価、販管費および減価償却費を引くことで計算されています。通常、減価償却費は売上原価または販管費に含まれますが、減価償却費を引く前の利益であるEBITDAを計算するために外出しされています。

　そして、売上高は商品単価に販売数量を乗じて計算されており、商品単価は初年度の見積価格とその後の価格上昇率によって計算されています。

　一方、販売数量は、初年度および2年目まで具体的な数量として見積もることができており、3年目以降は上昇率に基づいて計算されていることがわかります。

　さらに、上記で説明したそれぞれの項目に（A）または（C）と記載されてお

り、粒度が年次のモデルであることがわかります。また、単位もかっこ書きで明記されています（ただし、特記しない場合は百万円）。

インプットについては黄色にハイライト（図表中はグレーのアミかけ部分）されており、財務モデルにおいて入力するべき項目もわかるようになっています。入力項目をリスト化して、どのインプットを誰が精緻化するかを明確にすることで、インプットの検討漏れを防ぐことができます。

財務モデリングは1人で行う業務ではないため、ドライバーツリーを作成することで、関係者間での議論を容易にするとともに、財務モデルの構築担当者が財務モデルを構築する際の設計図となり、レビュー担当者が財務モデルの構造を理解する助けとなります。

ドライバーツリーは財務モデルのロジックを明示したものですが、その他、財務モデルの目的や想定使用者、スケジュールなど、プロジェクトにおける財務モデリングの全体的な計画をまとめて要件定義書を作成することもあります（**図表2-3**）。要件定義書はWordのような文書形式の場合もあれば、PowerPointのようなスライド形式の場合もあります。

要件定義書には、例えば、以下のような項目が含まれます。

- 要約
- 財務モデルの目的
- 想定ユーザー

図表2-3：要件定義書のイメージ図

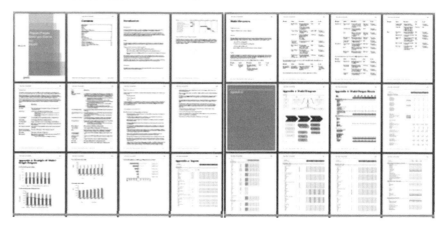

- 技術的な要求事項
- スケジュール
- 財務モデルの要件
- アウトプットシート、インプットシート、計算シートのイメージ図
- インプットの一覧
- 重要な前提条件

②モデル構築

　初期的な要件定義書の作成が終わると、いよいよ財務モデルの構築ステップに移ります。財務モデルは、作成したドライバーツリーおよび要件定義書をもとに、次節で紹介するモデリングガイドラインに従って作成していきます。もちろん、プロジェクトが進むにつれて新情報が明らかになるなど、財務モデルを更新する必要が出てくるでしょう。そのような場合も、随時ドライバーツリーを更新して最新に保ちます。

　財務モデルは各専門家と協力しながら構築していきます。例えば、M&Aの買手の場面において、税務の専門家と協力しながら取引ストラクチャーを財務モデル上で表現します。また、財務の専門家によるデューデリジェンスをもとに過年度情報の補正や運転資本の回転日数を検討します。

　会社全体ではなく事業を切り出して売買するカーブアウトでは、カーブアウトの専門家と協力しながらスタンドアローン調整を考慮します。そして、これらの情報を参考に、ビジネスの専門家と協力しながら将来予測のためのインプットを設定します。

　各専門家からのインプットをもとに、財務モデルの構築および対象企業の価値評価、各KPIが企業価値などに与える影響を分析する感応度分析、さまざまなシナリオ下における企業価値などを算定するシナリオ分析、これらの分析結果を分かりやすく伝えるためのダッシュボード構築など、目的に応じて柔軟に分析を行うことができ、かつわかりやすい財務モデルを構築していきます。

　なお、上記の各専門家の役割は機能的な区分であり、財務モデリングの専門家がビジネスの専門家などの機能を兼任することもあります。

　最終的には、売手および買手にとって買収対象はどのくらいの価値があり、オファー価格はどうするのか、そのときの前提条件は何か、そして企業価値の計算

図表2-4：各デューデリジェンスの中心となる財務モデル

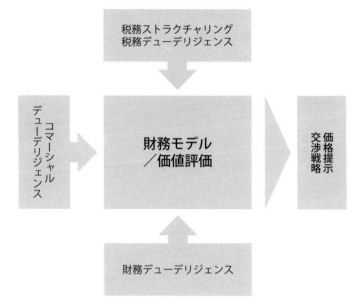

で捉えられていない要素は何で、どのように考慮していくのか、といったことが重要になります。そのため、特に定量的評価の部分で、各専門家のアウトプットを取りまとめて企業価値評価およびリスク分析を行い、交渉戦略につなげていく役割の中心を財務モデルが果たしているということができるでしょう（**図表2-4**）。

③モデルレビュー

　モデルを構築した後に、上位者もしくは第三者がモデルをレビューします。会計や税務の高度な専門性が求められるような場合においては、会計専門家や税務専門家によるテクニカルレビューも行われることがあります。スプレッドシートのうち、90％は重大なエラーを含んでいるという過去の研究事例もありますので、モデル構築者の自己レビューのみではなく、上位者、第三者および各専門家によるレビューが非常に重要になります。

④仮運用

　レポーティングパッケージのような会計システムに関わる財務モデルを作成する場合などには、いきなり財務モデルに全面的に依拠するのではなく、仮運用を行う場合があります。仮運用では、実際に使用する計数自体は従来からの方法で入手します。一方で、新しいシステムも同時に運用を行い、従来の方法から得られた結果と比較をしたり、新しい財務モデルの使用感を確かめたりします。

⑤モデル更新

　仮運用の結果として得られたフィードバックなどをもとに、より良い財務モデルとなるように更新します。

⑥本運用・フィードバック

　こうして出来上がった財務モデルは本運用に使用されます。ただし、財務モデルを使用していると絶えずフィードバックがあるため、必要に応じてアップデートが繰り返されることになります。

⑦文書化

　財務モデリングの過程では、財務モデルのドライバーツリーや仕様書が常に最新の状態となるように文書化されます。その際には、どのような経緯で現在の仕様となっているのかがわかるように記録を取ります。その他、財務モデルのインプットとして使用している計数の前提や、財務モデルの凡例や使用方法についても文書化します。

　以上で財務モデリングの基本的な流れを説明してきましたが、あくまで基本であり、案件で求められるスピード感や性質に応じて柔軟に対応する必要があることも忘れてはならない点です。

3 「PwCグローバル・フィナンシャル・モデリング・ガイドライン」の詳細

　第2節では、財務モデリングの基本的な流れを解説してきました。第3節では、

図表 2 - 5 ：「PwCグローバル・フィナンシャル・モデリング・ガイドライン」の全体像

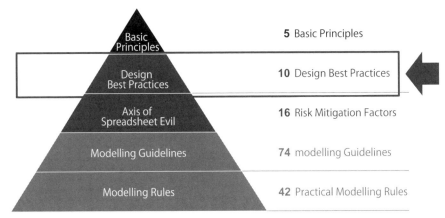

特にモデル構築に関連する財務モデリングのガイドラインについてみていきましょう。「PwCグローバル・フィナンシャル・モデリング・ガイドライン」では、各基準が論理的かつ階層的なピラミッド構造で定義されています（**図表 2 - 5**）。

　これらのモデリングガイドラインのうち、本書ではコアとなる以下の10個のゴールデンルール（10 Design Best Practices）について解説していきます（**図表 2 - 6**）。

①シンプルで透明なロジック
②インプット情報、計算ロジック、アウトプット情報は明確に整理
③わかりやすく、統一された書式
④構造化されたラベル名称と単位表示方法
⑤流れは左から右へ、上から下へ
⑥シート間において統一された列を使用
⑦ 1 つの行に対して 1 つの計算ロジック
⑧エラーチェックを活用
⑨目次やユーザーガイドの作成
⑩高リスクな関数の使用や計算結果の回避

図表2-6：ゴールデンルール

シンプルで透明なロジック
- 計算ロジックは簡単にする
- 複雑な計算が必要な場合は、複数の行に分けて段階的に計算する
- 行列や重要なシートは非表示にしない

1

インプット情報、計算ロジック、アウトプット情報は明確に整理
- インプットセルは計算シートに含めず、明確なセル書式で管理する
- 関数の中に直接前提条件を含めない（"hardcodes"）
- インプット情報、計算ロジック、アウトプット情報は別シートで管理する
- 外部リンクはインプット情報として取り扱い、外部リンク用の明確なセル書式で管理する

2

わかりやすく、統一された書式
- セルの目的ごとにわかりやすく、統一されたセル書式（セル色、フォントスタイルなど）のルールを決める
- シートごとにもルールを決める
- 凡例をモデル内に作成する
- モデル内では一貫した書式ルールを活用する

3

構造化されたラベル名称と単位表示方法
- 各行に明確でわかりやすいラベルを付ける
- 各シートにも明確でわかりやすい名称を付ける
- 各行において単位を明記する

4

流れは左から右へ、上から下へ
- 計算ロジックは自然な流れで計算する
- ロジカルなグルーピングでインプットシート、計算シート、アウトプットシートを構造化する

5

シート間において統一された列を使用
- 時系列情報が含まれるシートにおいては、同じ列は同じ用途に使用する
- 月次や年次期間が同時にある場合は、別シートで管理する

6

1つの行に対して1つの計算ロジック
- 多用するコピー＆ペースト作業でミスの可能性が減少する
- レビューと改修作業が容易になる
- 行の途中で計算方法が変わる場合は、フラグを活用する

7

エラーチェックを活用
- 内部的な一貫性を担保する
- 合理的ではない出力結果の可能性を軽減する
- モデル内に複数エラーチェックを作成して、すべて1ヵ所で確認できるような構造にする

8

目次やユーザーガイドの作成
- モデルの設定、目的、機能や制限を明記する
- マクロや特殊なモデルの使い方があればユーザーガイドを作成する
- モデルに含まれる重要シートをハイライトした目次を作成する
- モデルに含まれる主要項目・使用などのチャートを作成する

9

高リスクな関数の使用や計算結果の回避
- 循環参照は計算処理に負担がかかるとともに、エラーにつながるため使用しない
- INDIRECTやOFFSET関数は使用しない。これらは揮発性関数（Volatile Function）という関数で、計算処理に負担を掛ける代表例である
- 計算結果がエラーとなっていないか確認する（例えば、#N/A, #REF!, #DIV/0!）

10

（1）ルール①：シンプルで透明なロジック

1つ目のルールは「シンプルで透明なロジック」で、例えば、以下について留意します。

- ●計算ロジックは簡単にする
- ●複雑な計算が必要な場合は、複数の行に分けて段階的に計算する
- ●行列や重要なシートは非表示にしない

計算ロジックがシンプルだと、ミスが起こりにくくなり、ロジックを速やかに確認することが可能になります。また、モデルの作成に直接関与していないユーザーも短時間で理解できるというメリットもあります。

以下の数式はPwCで財務モデルのレビュー案件を担当する中で実際にあった数式をイメージして作成したものになりますが、これを一目で理解できる方は稀な

のではないでしょうか。

$=IF(OR(G136>0,IFERROR((((-SUMIFS(G136:G\$2202,\$B136:\$B\$2202,"Debt")$
$+SUMIFS(H\$118:H135,\$B\$118:\$B135,"Borrowings")+SUMIFS(\$D\$106:\$AG\$106,\$D$
$\$87:\$AG\$87,VLOOKUP(\$A126,\$B\$28:\$Q\$67,\$C\$69))) *-SUM$
$(H125:H126,H121:H122))/(SUMIFS(G136:G\$2202,\$B136:\$B\$2202,"Real Estate$
$Cost")-SUMIFS(H\$118:H135,\$B\$118:\$B135,"Total Cost"))),0)<\$F\$20),-SUMIFS$
$(\$D\$106:\$AG\$106,\$D\$87:\$AG\$87,VLOOKUP(\$A126,\$B\$28:\$Q\$67,\$C\$69))*SUM$
$(H121:H122,H125:H126),0)$

　図表2-7のケースは、上記の数式と比較すると大幅に改善されていますが、利益を一度に１つのセルで計算していることから、利用者が３〜６行目の各項目を理解したうえで正しく解釈して評価する必要があります。また、単価が10円ではなく15円の場合に売上高がいくらなのかといった問いに答えることができません。
　図表2-8の最も良いケースでは、ロジックの構造が明確で理解も容易です。
　初めのブロックでは、数量と単価を乗じることで売上高を計算していることがすぐにわかります。次のブロックでは、先ほど計算した売上高に変動比率を乗じることで変動費を計算しています。３つ目のブロックでは、変動費と固定費を合計することで費用総額を計算しています。最後に売上高から費用総額を引くことで利益が計算されています。
　この形式では、利益を計算するロジックを追うことが非常に容易です。また、売上高、変動費、固定費、費用合計を見ることができ、数量や価格、変動比率な

図表2-7：より良いケース

	A	B	C	
1	ラベル	単位	値	
2				
3	数量	#	100	
4	価格	JPY/#	10	
5	変動比率	%	40%	
6	固定費	JPY	(100)	
7	利益	JPY	500	=C3*C4-C3*C4*C5+C6
8				

図表2-8：最も良いケース

	A	B	C	
1	ラベル	単位	値	
2				
3	数量	#	100	
4	価格	JPY/#	10	
5	**売上高**	JPY	**1,000**	=C3*C4
6				
7	売上高	JPY	1,000	=C$5
8	変動比率	%	40%	
9	**変動費**	JPY	**(400)**	=0-C7*C8
10				
11	変動費	JPY	(400)	=C$9
12	固定費	JPY	(100)	
13	**費用**	JPY	**(500)**	=SUM(C11:C12)
14				
15	売上高	JPY	1,000	=C$5
16	費用	JPY	(500)	=C$13
17	**利益**	JPY	**500**	=SUM(C15:C16)
18				

どの前提を変更した場合に各計算結果がどのように変化するかを追うことも容易
です。

（2）ルール②：インプット情報、計算ロジック、アウトプット情報 は明確に整理

　2つ目のルールは「インプット情報、計算ロジック、アウトプット情報は明確
に整理」で、例えば、以下について留意します。

- インプットセルは計算シートに含めず、明確なセル書式で管理する
- 関数の中に直接前提条件を含めない
- インプット情報、計算、アウトプット情報は別シートで管理する
- 外部リンクはインプット情報として取り扱い、外部リンク用の明確なセル 書式で管理する

　そもそもインプット情報、計算ロジック、アウトプット情報が何を意味してい
るかについてですが、「y＝x＋3」という数式を例に考えてみましょう。この
数式は、xに任意の実数を入れることで、yが計算されます。例えば、xが1の
場合にyが4、xが－5の場合にyが－2となります（**図表2-9**）。

図表2-9：インプット、計算、アウトプット

インプット (x＝1)	計算 (x+3)	アウトプット (y＝4)

　財務モデリングでは、xに入れる実数のことをインプット情報、「x＋3」というロジックのことを計算ロジック、計算結果であるyのことをアウトプット情報として区別しています。

　インプットセルが計算シートに混在していると、インプットセルを探すことに時間を要するだけでなく、見落としにより、数値がアップデートされない危険性もあることから、すべてのインプットセルはインプットシートにまとめるべきです。また、重要なモデルのアウトプットをアウトプットシートにまとめることで、計算結果を一目で確認することが可能になります。

　PwCでは、これらを区別するために、以下の色を使用しています。

- ●赤色　＝　アウトプット
- ●無色　＝　計算
- ●黄色　＝　インプット
- ●灰色　＝　設定シートなどの一般的なシートなど

　これらの色の使い方は、各シートに対しても、各セルに対しても適用されます。**図表2-10**は各シートに上記のルールを適用した例です。ユーザーは各シートの色からインプットを入力したい場合には「インプット」シートに行けばよいことがわかりますし、計算結果を確認したい場合は「財務諸表」シートを見ればよいことがわかります。

図表2-10：各シートの役割を色で明示

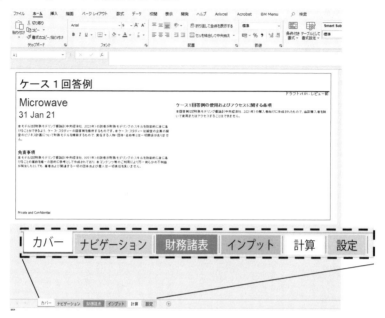

　図表2-11はインプットシートのイメージ図で、各セルに上記のルールを適用した例です。数値を入力するべきセルが黄色（本書ではグレーのアミかけ部分）になっていますので、ユーザーはどこに数値を入力するべきかが一目でわかります。なお、インプット項目の文字に青字を使用するという考え方もありますが、インプットセルがブランクの場合にもインプットセルであることが一目でわかるようにPwCでは背景色を使用しています。

図表2-11：インプットシートのイメージ

Microwave						
ドラフトv1.01 - レビュー前						
インプット						
FYラベル			OK			
期間ラベル						
期間開始日						
期間終了日						
期間番号						
初年度フラグ						
2年目フラグ						
期間日数						
特記事項がない限り（百万円）	ソース	チェック	単位		行合計	定数
オペレーション						
売上高						
単価						
初年度			円/台			200,000
単価上昇率			年率			5%
販売数量						
初年度			台			3,000
2年目			台			3,200
3年目以降の上昇率			年率			8%

（3）ルール③：わかりやすく、統一された書式

　3つ目のルールは「わかりやすく、統一された書式」で、例えば、以下について留意します。

- ●セルの目的ごとにわかりやすく、統一されたセル書式（セル色、フォントスタイルなど）のルールを決める
- ●シートごとにもルールを決める
- ●凡例をモデル内に作成する
- ●モデル内では一貫した書式ルールを活用する

　2つ目のルールで説明した内容と重なりますが、重要なため再度記載しますと、統一された書式を使用することで、そのセルがどのような性質であるか容易に理解することが可能になります。また、インプットをアップデートするときに、書式を見ることでどのセルを更新するべきか、一目で判別することができます。**図表2-12**は統一された書式の例です。

図表2-12：統一された書式の例

BM Headi...	BM Headin...	BM Heading 3	BM Input
BM Input Exter...	*BM Label*	BM Modeller...	BM UF
Error	False	In Development	No Error
Smart Subtotal	Smart Total	True	標準

　その他のメリットとして、統一された書式を使用することで、セルがどのような状態なのかについて、第三者でも理解することが可能になります。財務モデルは複数人で協力して作成することや構築や運用を引き継ぐこともありますが、統一された書式により、作業の効率化やミスの防止といったメリットを享受できます。PwCにおいては、作成途中のセルは紫色にハイライトするというルールがあり、このルールを適用することで、モデルを引き継いだ人はどのモジュールを更新しなければならないかを容易に判別することができます。

　PwCではフォントについても細かくルールが決められています。1番目のヘッダーは13ptを使用し、色はR82、G16、B16で、ExcelのA列にラベルを記載します。2番目のヘッダーは11ptを使用し、色はR163、G32、B32で、ExcelのB

図表2-13：統一された書式が使用された財務モデルの例

Microwave							FY20	FY21	FY22
ドラフトv1.01 - レビュー前									
財務諸表									
FYラベル			OK				予測	予測	予測
期間ラベル			TRUE						
期間開始日							1 Jan 20	1 Jan 21	1 Jan 22
期間終了日							31 Dec 20	31 Dec 21	31 Dec 22
期間番号							1	2	3
初年度フラグ							TRUE	FALSE	FALSE
2年目フラグ							FALSE	TRUE	FALSE
期間日数							366	365	365
特記事項がない限り（百万円）	*ソース*	*チェック*	*単位*	*行合計*	*定数*				
財務諸表									
損益計算書									
売上高			*百万円*	3,878			600	672	762
売上原価			*百万円*	(1,276)			(195)	(205)	(243)
売上総利益			*百万円*	2,603			405	467	519
給与			*百万円*	(119)			(23)	(23)	(24)
地代家賃			*百万円*	(0)			(0)	(0)	(0)
EBITDA			*百万円*	2,482			382	444	495
減価償却費			*百万円*	(6)			(1)	(1)	(1)
税引前利益			*百万円*	2,476			381	442	493
法人税等			*百万円*	(743)			(114)	(133)	(148)
当期純利益			*百万円*	1,733			266	310	345

列にラベルを記載します。3番目のヘッダーは9ptを使用し、色はR82、G16、B16で、ExcelのC列にラベルを記載します。通常のラベルは9ptを使用し、色はR0、G0、B0（黒色）で、ExcelのD列に記載します。その他、デフォルトで使用するフォントサイズや色は通常のラベルと同様ですが、単位などのラベルは8ptの黒色で斜体を使用します。なお、フォントは英語の財務モデルではArialで統一します。

図表2-13は統一された書式が使用された財務モデルの例になります。

（4）ルール④：構造化されたラベル名称と単位表示方法

4つ目のルールは「構造化されたラベル名称と単位表示方法」で、例えば、以下について留意します。

- 各行に明確でわかりやすいラベルを付ける
- 各シートにも明確でわかりやすい名称を付ける
- 各行において単位を明記する

各行に単位を記載することで単位を確認するための作業が発生せず、計算式の確認が効率的になります。また、わかりやすい一貫したフォーマットにすること

図表2-14：ラベル名称が構造化され単位が明記された例

特記事項がない限り（百万円）	ソース	チェック	単位	行合計	定数
オペレーション					
売上高					
単価					
初年度			*円/台*		200,000
単価上昇率			*年率*		5%
単価			*円/台*		-
販売数量					
初年度			*台*		3,000
2年目			*台*		3,200
3年目以降の上昇率			*年率*		8%
販売数量			*台*	**17,420**	-
売上高					
単価			*円/台*		
販売数量			*台*	17,420	
換算係数（百万単位）			*#*		1,000,000
売上高			*百万円*	**3,878**	

「年」率であることの明記

33

で、モデルを初めて見た場合でも、計算ロジックを単位の側面からスムーズに理解することが可能になります。

　例えば、**図表2-14**の売上高の計算では、単価に販売数量を乗じていますが、単価の単位が「円/台」と表記され、販売数量が「台」と表記されていることから、単価と販売数量を掛け合わせると、「円/台」x「台」で「円」になることがわかります（厳密には計算結果を「百万」単位にするために、さらに換算係数1,000,000で割っています）。

　このように財務モデリングを効率化して理解を容易にするラベル名称および単位表示方法ですが、あいまいな単位の記載によって、逆に混乱を生じさせてしまうリスクもあります。例えば、単価上昇率をインプットとして作成する場合に、それが年度なのか、半期なのか、四半期なのか、月次なのかなどについて明確に記載することを推奨します。

　すなわち、単位を「％」と記載するのではなく、「年率」「% p.a.」「%（年）」などと記載することで、入力するべき単価上昇率が年率であることを明示するのです。特に、財務モデル上で異なる時系列粒度を取り扱う場合においては重要となります。なお、「p.a.」は「per annum」の略語で、「1年につき」という意味を持つラテン語でファイナンスの世界では頻繁に使用されます。

　ルールを順守した財務モデルは見た目も綺麗になり、フォーマットを見るだけで、そこに記載されている内容が何を意味しているかについても理解しやすくなります。

(5) ルール⑤：流れは左から右へ、上から下へ

　5つ目のルールは「流れは左から右へ、上から下へ」で、例えば、以下について留意します。
- 計算ロジックは自然な流れで計算する
- ロジカルなグルーピングでインプットシート、計算シート、アウトプットシートを構造化する

　計算ロジックは人間が読み慣れている自然な流れにすると、計算フローをより簡単に追えて、モデルを速やかに理解することが可能になります。

　図表2-15では、「単価」と「販売数量」がまず計算され、それをもとに「売上高」が計算されています。「単価」の計算においては、「単価上昇率」が5％に

図表 2-15：自然な計算フロー

Microwave								
ドラフトv1.01 - レビュー前								
計算								
	FYラベル		OK			FY20	FY21	FY22
	期間ラベル					予測	予測	予測
	期間開始日					1 Jan 20	1 Jan 21	1 Jan 22
	期間終了日					31 Dec 20	31 Dec 21	31 Dec 22
	期間番号					1	2	3
	初年度フラグ					TRUE	FALSE	FALSE
	2年目フラグ					FALSE	TRUE	FALSE
	期間日数					366	365	365

特記事項がない限り（百万円）	ソース	チェック	単位		行合計	定数		
オペレーション								
売上高								
単価								
初年度			円/台			200,000		
単価上昇率			年率			5%		
単価			円/台			-	200,000	210,000	220,500
販売数量								
初年度								
2年目								
3年目以降の上昇率								
販売数量			台		17,420	-	3,000	3,200	3,456
売上高								
単価			円/台				200,000	210,000	220,500
販売数量			台		17,420		3,000	3,200	3,456
換算係数（百万単位）			#			1,000,000		
売上高			百万円		3,878		600	672	762

（図中注記）
- 前年度を参照する計算フローが左から右に流れている
- 単価計算の結果が上から下に流れて売上高計算で参照されている

設定され、「前年度の単価」に「1＋5％」を乗じることで当年度の「単価」が計算されています。このように、計算は前年度から当年度の方向に流れており、左から右に流れています。

　また、「売上高」の計算においては、「売上高」のモジュールよりも上で計算された「単価」および「販売数量」が流れてきて、これらを乗じることで「売上高」が計算されています。このように、計算ロジックが上から下に流れています。

　以上のように、計算ロジックが人間の読み慣れている自然な流れとなっており、計算フローを理解することが容易になっています。

（6）ルール⑥：シート間において統一された列を使用

　6つ目のルールは「シート間において統一された列を使用」で、例えば、以下について留意します。

- 時系列情報が含まれるシートにおいては、同じ列は同じ用途に使用する
- 月次や年次期間が同時にある場合は、別シートで管理する

各シートにおいて、同じ期を同じ列で示すことで、他シートを参照している計算式が正しい期を参照しているか、簡単に確認することが可能になります。例えば、財務モデルを年次で作成している場合、すべてのシートで初年度をＫ列で取り扱っていれば、アウトプットシートのＫ列で参照しているセルは計算シートのＫ列となることが通常です。Ｋ列ではなく、Ｎ列を参照している場合には、セルの参照がずれてしまっている可能性があり、参照元までたどらなくても、潜在的なエラーに気がつくことができます。

　また、タイムライン（年次、月次など）を別シートに分けることにより、データをアウトプットシートに集計する際に発生しやすいミスを防ぐメリットもあります。例えば、計算シートで年次と月次が同じシート上で混在している場合、年次の計数を集計する際に、どの列は年次でどの列が月次であるかを判断して集計しなければなりません。初めから年次と月次とで分けていれば、月次から年次を

図表 2-16：シート間で統一された列を使用

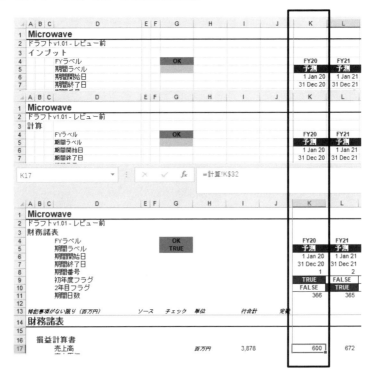

集計する際に、単純に同じ年度内の月次データを集計すれば良いことになります。

　また、計算シートにおいてインプットシートの情報を取り扱う場合においても、年次と月次が混在している場合、売上成長率といった前提が、計算シートの列の途中で月次から年次に切り替わることになり、取り扱いが非常に煩雑になります。以上のことからも、シート間において統一された列を使用することの重要性がわかります。

　図表2-16では、インプットシート、計算シート、財務諸表（アウトプットシート）のいずれにおいても、FY20をK列で計算しています。その結果、アウトプットシートで、FY20の売上高は「計算!K$32」を参照していますが、同じK列を参照していることから、少なくとも参照先の年度に関して誤りはなさそうだということができます。

（7）ルール⑦：1つの行に対して1つの計算ロジック

　7つ目のルールは「1つの行に対して1つの計算ロジック」で、例えば、以下について留意します。

● 多用するコピー&ペースト作業でミスの可能性が減少する

図表2-17：1つの行に対して1つの計算ロジックを使用

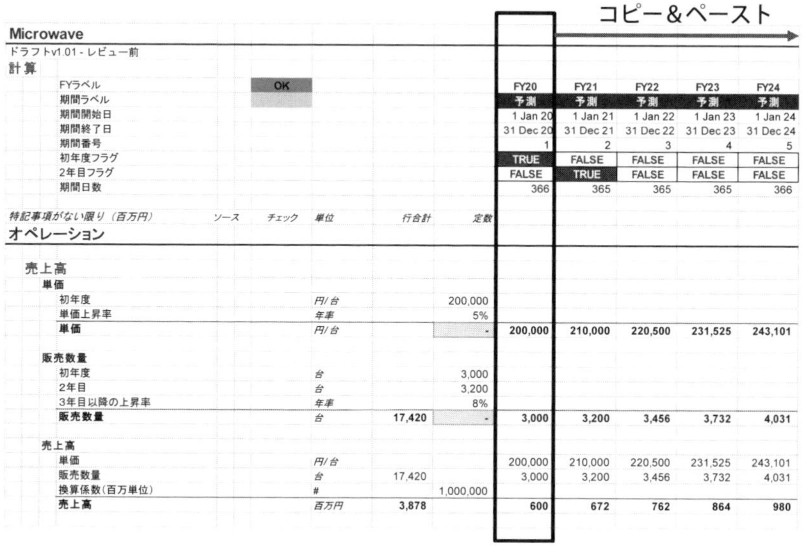

K20			▼	⋮	×	✓	f_x	=IF(K$9,$J18,J20*(1+$J19))		

	A	B	C	D	E	F	G	H	I	J	K	L
1	**Microwave**											
2	ドラフトv1.01 - レビュー前											
3	計算											
4			FYラベル				OK				FY20	FY21
5			期間ラベル								予測	予測
6			期間開始日								1 Jan 20	1 Jan 21
7			期間終了日								31 Dec 20	31 Dec 21
8			期間番号								1	2
9			初年度フラグ								TRUE	FALSE
10			2年目フラグ								FALSE	TRUE
11			期間日数								366	365
12												
13	*特記事項がない限り（百万円）*				*ソース*	*チェック*	*単位*		*行合計*	*定数*		
14	**オペレーション**											
15												
16		売上高										
17			単価									
18				初年度				円/台		200,000		
19				単価上昇率				年率		5%		
20			**単価**					円/台		-	200,000	210,000

- レビューと改修作業が容易になる
- 行の途中で計算方法が変わる場合は、フラグを活用する

　財務モデルの構築においては、１つの行に対して１つの計算ロジックを使用します。例えば、５年間の年次モデルで初年度の計数をＫ列で取り扱っていた場合、各行のＫ列にその行で使用する数式を入力します。２年目から５年目についてはＫ列の数式をコピーして、Ｌ列からＯ列にペーストします（**図表２-17**）。

　図表２-18は、初年度と２年目以降で使用するロジックをフラグによって区別している例です。

　図表２-18では、初年度の単価は200,000円/台である一方、２年目以降の単価は、前年度の単価に１＋５％を乗じることで計算しています。しかし、Ｋ列とＬ列とで異なる数式を適用した場合、「１つの行に対して１つの計算ロジック」のルールに反してしまいます。そこで、「初年度フラグ」を作成します。

　そのうえで、IF関数を使用して、「初年度フラグがTRUEの場合」、すなわち初年度の場合には、初年度の単価である200,000円/台を使用し、その他の場合には前年度の単価に１＋５％を乗じるという数式にすることで、初年度にも２年目以降にも適用可能な数式として、「１つの行に対して１つの計算ロジック」を実現しています。

　以上のような計算ロジックは一見して面倒に思えるかもしれませんが、柔軟かつ頑強な財務モデルを構築するためには必須のテクニックです。例えば、上記の例で、3年目までの単価も200,000円/台で4年目以降に1＋5％を乗じるというロジックに変更する必要が出てきたとしましょう。この場合、タイミングを決定するフラグである「初年度フラグ」を初年度だけではなく2年目および3年目もTRUEとなるようなフラグに変更するだけで目的は達成できます。

　1つの行に複数の計算ロジックがあった場合、モデル構築者は1つひとつのセルを確認して慎重にアップデートしていかなければなりません。1つのモジュールを変更するだけであれば対応できるかもしれませんが、モデル全体に影響を与える変更の場合、すべてを漏れなくミスなく変更することは困難です。フラグでコントロールしたうえで、同じ行には同じ数式を使用している場合は、フラグを変更するだけで対応することができ、特に財務モデルを引き継ぐ場合のリスクを大幅に減らすことができます。昨今では財務モデリングのゲームチェンジャーとしてダイナミックアレイやLAMBDA関数などが盛んに議論されていますが、これらも「1つの行に対して1つの計算ロジック」というルールが大前提とされており、今後の財務モデリングの進化についていくためにもコアとなるルールです。

　なお、「1つの行に対して1つの計算ロジック」というルールを順守できているかの検証を容易にするソフトウェアも市販されています。例えば、Arixcel、Operis Analysis Kit（OAK）等のアドインソフトウェアが挙げられます。

（8）ルール⑧：エラーチェックを活用

　8つ目のルールは「エラーチェックを活用」で、例えば、以下について留意します。

- ●内部的な一貫性を担保する
- ●合理的ではない出力結果の可能性を軽減する
- ●モデル内に複数エラーチェックを作成して、すべて1ヵ所で確認できるような構造にする

　スプレッドシートのうち、90％は重大なエラーを含んでいるという過去の研究結果もありますので、エラーチェックを活用して可能な限りリスクを軽減することは極めて重要です。他のシートとの整合性や目的値との一致を確認するチェックをこまめに設けることにより、モデルのアウトプットの確度が高まります。

図表2-19：エラーチェックの例（貸借対照表がバランスしていない）

	A B C	D	E F	G	H	I	J	K	L	M
1	**Microwave**									
2	ドラフトv1.01 - レビュー前									
3	財務諸表									
4		FYラベル		エラー				FY20	FY21	FY22
5		期間ラベル		FALSE				予測	予測	予測
6		期間開始日						1 Jan 20	1 Jan 21	1 Jan 22
7		期間終了日						31 Dec 21	31 Dec 21	31 Dec 22
8		期間番号						1	2	3
9		初年度フラグ						TRUE	FALSE	FALSE
10		2年目フラグ						FALSE	TRUE	FALSE
11		期間日数						366	365	365
12										
13	特記事項がない限り（百万円）		ソース	チェック	単位	行合計	定数			
40										
41		純資産			百万円			286	596	942
42										
43	**株主資本**									
44		資本金			百万円			20	20	5
45		利益剰余金			百万円			266	576	922
46		**株主資本**			百万円			**286**	**596**	**927**
47		貸借差額			百万円			-	-	15
48		チェック		FALSE	T/F			TRUE	TRUE	FALSE
49										

図表2-20：エラーチェックの例（マイナスの現預金残高）

	A B C	D	E F	G	H	I	J	K	L	M
1	**Microwave**									
2	ドラフトv1.01 - レビュー前									
3	財務諸表									
4		FYラベル		現金不足				FY20	FY21	FY22
5		期間ラベル		TRUE				予測	予測	予測
6		期間開始日						1 Jan 20	1 Jan 21	1 Jan 22
7		期間終了日						31 Dec 21	31 Dec 21	31 Dec 22
8		期間番号						1	2	3
9		初年度フラグ						TRUE	FALSE	FALSE
10		2年目フラグ						FALSE	TRUE	FALSE
11		期間日数						366	365	365
12										
13	特記事項がない限り（百万円）		ソース	チェック	単位	行合計	定数			
66										
67	**現金および現金同等物期末残高**									
68		現金および現金同等物の増加額			百万円	1,743		330	264	(4,081)
69		現金および現金同等物期首残高			百万円			-	330	593
70		**現金および現金同等物期末残高**			百万円		-	330	593	(3,488)
71		チェック		FALSE	T/F			TRUE	TRUE	FALSE
72										

　また、各シートの左上に固定領域を作成して、総合チェックフラグを作成することで、モデル内のチェックすべてにエラーがないかをタイムリーに確認し、計算式の変更で発生したエラーを簡単に修正することが可能になります。

　エラーチェックには貸借対照表がバランスしていないといった明らかな誤りと、現預金残高がマイナスになるなど、財務モデルのロジックとしては成立しているもののビジネスとして成立しない可能性があるものとがあります。前者と後者を区別して、前者についてはエラーとして取り扱い、後者について警告として取り扱うことも考えられます。

　図表2-19および図表2-20では、K列目以降でエラーチェックが年度ごとに行われ、図表2-19においてはG列で、図表2-20においてはI列で、すべての年度でTRUEの場合には、TRUE、1つでもFALSEの場合にはFALSEを返す数式によって、その行のチェック結果がまとめられています。

　その後、図表2-19においては、G5セルで、G列のすべてのチェックがTRUEであるかを判定しています。そして、G5セルのチェックが**図表2-21**のエラーチェックへとつながっていきます。また、図表2-20のI71セルについては、図表2-21のセンスチェックへとつながっていきます。

　これらのエラーチェックは図表2-21のように最終的に1ヵ所にまとめます。

図表2-21：エラーチェックの要約

```
=IF(AND(O18:O18),IF(AND(O21:O21),"OK","現金不足"),"エラー")
```

凡例

黄色は入力セルで自由にインプットを変更可能です
灰色はモデルを機能させるために設定されたセルで変更できません
緑色はユニークな計算式が使用されているセルです

各シートのA1からH1セルのいずれかをクリックするとナビゲーションシートに移動できます

エラーチェックの要約

エラーチェックの要約　　　　　　　　　"エラー"

エラーチェック
貸借バランス　　　　　　　　　TRUE

センスチェック
現預金残高　　　　　　　　　TRUE

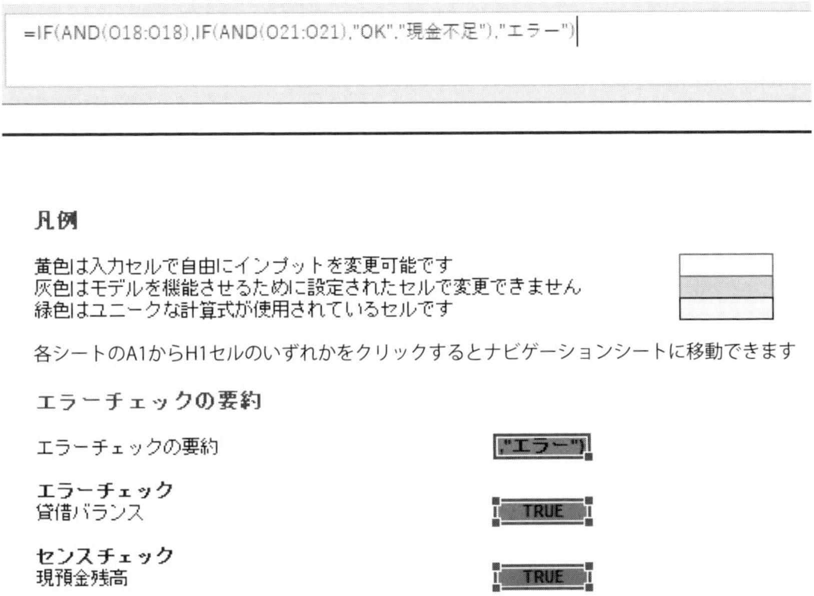

図表2-21のエラーチェックの要約の例では、貸借バランスのチェックがFALSEとなっている場合はエラー、貸借バランスのチェックがすべてTRUEなものの現預金残高がマイナスの場合には現金不足、すべてTRUEの場合にはOKを返すようになっています。

　エラーチェックの要約結果であるOK、現金不足、またはエラーを「ウィンドウ枠の固定」の機能を使うことで、画面の左上に常に表示されるようにして、財務モデルの構築、更新、使用のいずれの場面においても、エラーが生じた場合には、すぐに目に入るように財務モデルをデザインするとよいでしょう。

　図表2-22の例では、16行目から始まる「損益計算書」においても、28行目から始まる「貸借対照表」に移動しても左上の領域が固定されており、OKのラベルが常に表示されています。

図表2-22：エラーチェックの要約を固定領域に配置

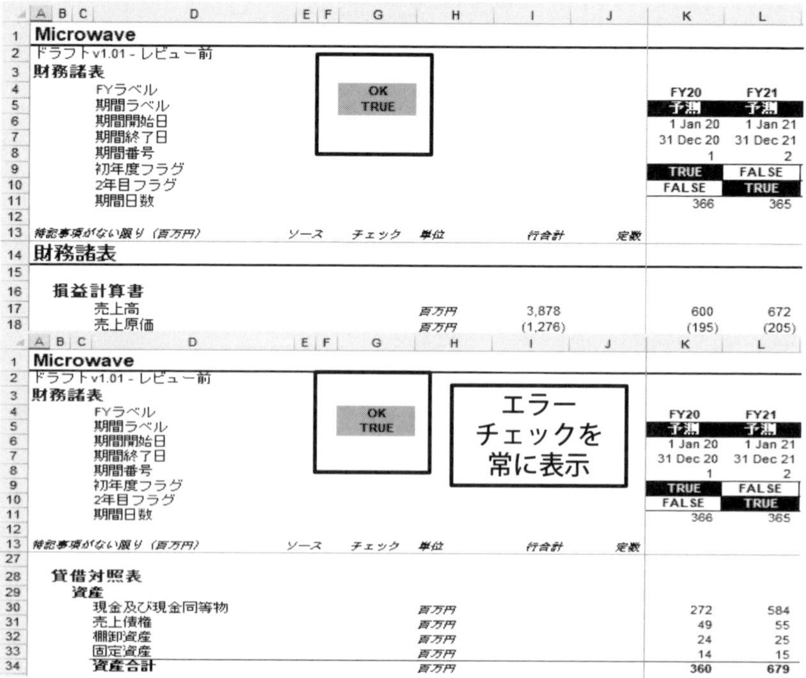

(9) ルール⑨：目次やユーザーガイドの作成

　9つ目のルールは「目次やユーザーガイドの作成」で、例えば、以下について留意します。

- ●モデルの設定、目的、機能や制限を明記する
- ●マクロや特殊なモデルの使い方があればユーザーガイドを作成する
- ●モデルに含まれる重要シートをハイライトした目次を作成する
- ●モデルに含まれる主要項目・使用などのチャートを作成する

　財務モデルは構築するのが目的ではなく、それを活用して分析やコミュニケーションを行い、意思決定に資することに意味があります。そのため、ユーザーが財務モデルを活用する助けとなる目次やユーザーガイドを作成します。ユーザーに資する情報の例として、例えば、財務モデルの主要な構造を示したフローチャートが挙げられます**（図表2-23）**。

　フローチャートにより、財務モデルの各シートがどのような関係性になっているのかの全体像が示されます。非常にシンプルな例ですが、図表2-23では、インプットシートで入力された情報が計算シートに流れて計算が行われ、その計算結果を財務諸表シートで表示していることがわかります。また、一般的なシートとして、ナビゲーションや設定シートがあることがわかります。

　その他、目次を作成して、各シートの名称、シートの種類（インプットシート、

図表2-23：財務モデルの構造を示したフローチャート

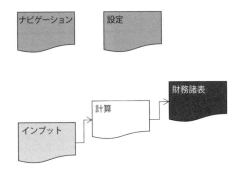

Microwave

ドラフトv1.01 - レビュー前
ナビゲーション

下のアイコンをクリックすると各シートに移動することができます

計算シート、アウトプットシートなど)、シートの役割などについてまとめることも一般的です。さらに、財務モデルで使用されているインプットの一覧をまとめて、どのような考え方に基づいて、どのようなインプットを使用しているかについてまとめた前提シート（Assumption Book）を作成します。マクロをモデルに組み込む必要がある場合には、マクロの目的や使用方法に関するガイダンスを作成します。

（10）ルール⑩：高リスクな関数の使用や計算結果の回避

　最後のルールは「高リスクな関数の使用や計算結果の回避」で、例えば、以下について留意します。

- 循環参照は計算処理に負担がかかるとともに、エラーにつながるため使用しない
- INDIRECTやOFFSET関数は使用しない。これらは揮発性関数（Volatile Function）という関数で、計算処理に負担をかける代表例である
- 計算結果がエラーとなっていないかを確認する（例えば、#N/A, #REF!, #DIV/0!）

　以下、高リスクなExcelの機能について、その概要、問題点、代替策をまとめました（**図表2-24**）。

図表 2-24：高リスクな機能のまとめ

機能	概要	問題点	代替策
循環参照	直接、間接を問わず、A1セルがA2セルを参照し、A2セルがA1セルを参照している場合、循環参照となる	計算の開始点によって異なる計算結果となる可能性があり、計算結果が正しい保証もないにもかかわらず、エラーを発見することが難しく、Excelのパフォーマンスも低下する	コピー＆ペーストマクロを使用する、方程式を解いて循環参照を避けるなど
OFFSET関数	基準となるセルを指定して、そこから行と列をそれぞれずらして取得するセルまたは範囲を指定する	行や列の挿入によりエラーとなるリスクが高い。また、参照元のトレース機能が使用できず、レビューが難しい。さらに、揮発性関数であり、Excelのパフォーマンスを低下させる	例えば、シナリオ選択においてはINDEX関数やCHOOSE関数、減価償却計算においてはSUM関数とINDEX関数の組み合わせが代替策となりうる
INDIRECT関数	間接的に取得する範囲を指定する。例えば、C1セルにA1と入力して、INDIRECT（C1）と式を入力すると、A1セルを取得できる	参照元のトレース機能が使用できず、レビューが難しい。また、揮発性関数であり、Excelのパフォーマンスを低下させる	INDEX関数とMATCH関数の組み合わせ、または直接参照する 注意深く使用することで有効に働くこともある
V（/H）LOOKUP関数	検索条件に一致する行（または列）と指定した列（または行）番号が交差するセルを取得する	脆弱な関数である	INDEX関数とMATCH関数の組み合わせ
IFERROR関数	指定した数式がエラーの場合は別途指定した値を返し、エラーでない場合は指定した数式を返す	想定していない要因によって真のエラーが発生している場合にも、エラー表示されないため気づきにくくなるリスクがある	想定するエラーの内容を特定したうえで具体的に指定する。例えば、0で割ることによるエラーを避けたい場合には、IF（A1=0,"n.a.",B1/A1）という数式にする

第2章 財務モデリングにおける「ガイドライン」

財務モデリングにおいて、どの関数を使用することが望ましく、どの関数を使用するべきではないかについては、PwCグローバル・ディールズ・モデリング・リーダーズ・グループが長期にかけて検討してきた事項であり、本書で詳述はしませんが、その成果はAxis of Spreadsheet Evilとしてまとめられています（**図表2-25**）。

図表2-25：Axis of Spreadsheet Evil

Elements of functionality
within Excel to avoid

Lower risk	*Medium risk*	*Highest risk*
Can be safely deployed if you understand and mitigate the risks	Normally avoid, but some specific exceptions	Very few situations in which they should be used
• XNPV / NPV / IRR	• VLOOKUP / HLOOKUP	• Circular references
• Avoidable VBA code	• Complex formula	• OFFSET
• ROUND, ROUNDUP, ROUNDDOWN	• {Array functions}	• INDIRECT
• ISERROR, ISERR, IFERROR	• Nested IF statements	• Custom formats to change units
• External links	• Pivot tables	
	• Dynamic named range	
	• Merged cells	

第 3 章

財務モデリングにおける「モデリングガイドライン」の実践

　プロセスやルールは学ぶだけでは不十分。実技を繰り返し練習して慣れることが重要なことから、ケーススタディを用意。回答例は、本シリーズの専用サイト（4頁に掲載のURLもしくは二次元バーコードよりアクセスできます）からダウンロードできます。

1　はじめに

　これまで財務モデルの作成ステップおよびガイドラインについて解説してきましたが、これらを実践するために、最後に２つのケーススタディを用意しました。

　１つ目はレストランで使用する電子レンジ調理器を製造販売するMicrowave社の事業計画モデルを作成する設問です。ここまで学んできたことを実践する最初の設問として適したものであると思います。

　２つ目は、世界的に行われている財務モデリング試験の初級レベルの問題を用意しました。この問題を制限時間の４時間以内に完了させて、貸借対照表をバランスさせることができれば財務モデリング初級レベルを卒業したといえるでしょう。

　いずれのケースについても、本シリーズの専用サイト（４頁に掲載のURLもしくは二次元バーコードよりアクセスできます）からサンプルモデルのダウンロードが可能です。また、ゼロからモデルを構築するのが難しい方のために、フォーマットを作成済みのスケルトンも用意していますので、合わせてご利用ください。スケルトンは紫色にハイライトされているセルを埋めていくだけで財務モデルを作成することができます。

　また、財務モデリングを実施するにあたっては、ショートカットを活用してマウスを使用しないことが基本スタイルとなります。ショートカットや財務モデリングでよく使用する関数については、「第４章　資料編」もご参照ください。また、今まで学んできた「ゴールデンルール」も適宜参照しながら財務モデルを構築していきましょう。

2 2つのケーススタディ

（1）Microwave社の事業計画

ケース1	Microwave社の事業計画

あなたのタスクは、以下の情報をもとに新しい会社の将来5年間の財務諸表を予測する財務モデルを作成することです。

財務モデリングの対象となる会社はレストランで使用する電子レンジ調理器を販売する予定で、決算期は毎年12月です。

電子レンジ調理器の1台当たりの売価は、初年度は200,000円で、それ以降は年間5％上昇します。初年度の販売数量は3,000台の見込みです。2年目の見込み販売台数は3,200台で、その後は年間8％で上昇します。

電子レンジ調理器の1台当たりの費用は、初年度は原材料費として40,000円、人件費で25,000円です。2年目はそれぞれ35,000円、29,000円となり、それ以降は年間10％上昇します。

ビジネスオーナーは年間8,000,000円の給与を受け取ります。また、オペレーションマネージャーの給与は、年間6,000,000円です。販売員は3人います。彼らの給与は、1年目はそれぞれ3,000,000円、2年目は3,100,000円となり、その後毎年5％ずつ上昇します。工場の地代家賃は年間300,000円です。

法人税等の実効税率は30％です。税金は過年度の実額に応じて、当期にその半分が支払われ、翌年度に残りの金額が支払われます。

会社は45日分の在庫を保有する必要があり、債権債務の回収・支払期間はともに30日です。

同社は、初年度に15,000,000円とその後の各年に2,000,000円の設備投資などの資本的支出が必要になりますが、これらは15年の定額法で減価償却されます。資本的支出は期首に行われるものとします。

ビジネスオーナーは、ビジネス創業時に株主資本を20,000,000円拠出します。

（2）食品・医薬品の小売店を経営するＡ社の事業計画

ケース2	Ａ社の事業計画

財務モデルの作成時間は4時間を目安とします。XXX（URL記載）よりエクセルのワークブックファイルをダウンロードして財務モデルを作成してください。データや情報は以下のインストラクションおよびエクセルに記載されているものに基づいて財務モデルを作成してください。ただし、合理的なデータや前提を自由に追加しても構いません。

会社概要

Ａ社は、日本で食品・医薬品の小売店を運営していますが、海外事業の事業計画を立案するために財務モデルの作成をあなたに依頼しました。欧米およびアジアで年間売上高120億米ドル以上、65,000人以上の従業員を擁しています。Ａ社は4,200店舗のスーパーマーケットと1,800店舗のディスカウントストアを運営しています。

財務モデル

あなたの手元にＡ社の過去3年分の財務諸表があります。直近の実績期間は2020年12月期です。あなたのタスクは過去の財務諸表と以下の前提に基づいて2021-2025年の年次統合モデルを構築することです。すべての前提の数値は特記していない限り米ドル建てです。

売上高

- 2020年末現在、Ａ社は6,000店舗を運営しており、総床面積は1,200,000平米です。
- Ａ社は2021年に50店舗、2022年に40店舗、2023-2025年の各年度に35店舗の出店を計画しています。新規店舗の大きさは既存店舗の平均的な大きさと同程度です。
- 床面積当たりの売上高は、今後5年間にわたり年1.0％で成長することが見込まれています。

営業費用

- 2020年において、売上原価の変動比率は80％で、残りは固定費用です。
- 2021年の販管費は16億米ドルと予測されています。
- 営業費用に関するインフレーション率は年1.0％です。
- 営業費用はすべて米ドル建てです。

設備投資と減価償却費

- A社の設備投資計画によると2021年に３億米ドル、2022年に2.5億米ドル、その後は年1.0億米ドルを予定しています。設備投資は年度にわたり均一的に支出されます。
- A社は定額法で減価償却しています。
- 既存の固定資産の残存年数は10年で、新規投資の耐用年数は20年です。

運転資本

- A社は営業債権債務について、2018年から2020年の平均回転日数が2021年から2025年にかけても利用できると考えています。

法人税等

- A社の実効税率は30％です。
- 減価償却費に基づく一時差異のため、毎年の課税所得は会計上の税前利益よりも１億米ドル小さくなる予定です。

負債

- 固定利率のタームローンの金利は3.0％、リボルビング・クレジット・ファシリティ（リボルバー）の金利は1.0％です。
- 変動金利のタームローンは、LIBORに125ベーシスを加えた変動金利で利息を支払います。2021年から2025年にかけてLIBORの予想年率は0.5％です。なお、100ベーシスポイントは1.0％です。
- 余剰現預金から0.1％の利率で利息収入を得ることができます。
- 固定利率のタームローンの返済額は毎年１億米ドルで、期末に支払います。
- 変動利率のタームローンの返済額は毎年0.5億米ドルで、期末に支払います。
- 現預金が不足した場合には、リボルバーから引き出します。
- リボルバーの負債残高があり、最低必要現預金残高を上回る余剰資金がある場合には、キャッシュスイープとして、負債残高と余剰資金の何れか小さい金額を返済します。余剰資金は営業キャッシュフロー、投資キャッシュフロー、義務的な負債の返済、株式発行、および自己株式の購入を考慮した後の金額です。なお、優先株式の配当、普通株式の配当はリボルバーを考慮した後の現預金に基づいて決定されます。
- A社の最低必要現預金残高は１億米ドルです。最低必要現預金残高には利息が付きません。

資本

- A社は2021年6月30日に1億米ドルの優先株式を発行予定で、配当利回りは5.0％です。ただし、現預金が不足している場合には最低必要現預金残高を上回る現預金のみが配当として支払われます。
- A社は自己株式の購入を計画しており、金額は2021年および2022年にそれぞれ3億米ドル、2023年から2025年にかけて毎年1億米ドルです。
- A社の配当政策によると、普通株式への配当は、最低必要現預金残高を上回る現預金残高、利益剰余金、普通株主に帰属する純利益の30％のうち、最も小さい金額となります。配当は翌年度に支払われます。

その他

- その他の勘定科目は2021年から2025年にかけて変動は予想されていません。

シナリオ

- 以上の前提はベースケースに関するものです。A社はあなたにアップサイドケースおよびダウンサイドケースの作成を依頼してきました。それぞれのケースについて、合理的な前提を作成したうえで、シナリオを切り替えることが可能な機能を財務モデルに加えてください。

ワークブック

- 「3-2-1．ケース2_A社事業計画_実績値のみ」をもとに財務モデルを作成してください。実績値のみでは難しい場合には、「3-2-2．ケース2_A社事業計画_スケルトン」を活用してください。紫色にハイライトされているセルを埋めていくだけで財務モデルを作成することができます。

第 **4** 章

資 料 編

　現場の第一線で働く実務家が実際に使用するExcelの
ショートカットキーや関数を厳選して紹介。それにより効率
的なモデル構築技術を習得する。

1 厳選／財務モデリングでよく使用されるExcelショートカット

　財務モデリングでは基本的な動作として、マウスではなく、ショートカットを使用します。本節では実務の現場で実際に多用されるショートカットを説明します。ここでは一般的な日本のキーボード環境を想定していますが、使用環境で異なる可能性がある点にご留意ください。

（1）基本事項
- 「&」は別々のキーを同時に押すことです。「Ctrl & C」はCtrlとCを同時に押します。
- 「→」はキーを順番に押すことです。「Alt→E→S」は、まずAltを押して、次にE、Sの順番でキーを押します。

（2）セルの編集および数式関連

ショートカット	機能
F2	セル内の編集と解除
Ctrl & C	コピー
Ctrl & V	ペースト
Alt→E→S	形式を選択して貼り付け
Ctrl & Shift & V	形式を選択して貼り付け
Alt→E→A	セルのクリア
Ctrl & 〔	参照元にジャンプ
Ctrl &〕	参照先にジャンプ
Ctrl & Shift & F3	ネームレンジの設定
Ctrl & F3	ネームレンジ一覧
Alt & Shift & −（Alt & =）	オートSUM（JIS配列キーボード）
Shift & F9	シート内で再計算
F9	ブック全体で再計算
F5	参照先にジャンプ
Ctrl & G	参照先にジャンプ

（3）シート内操作

ショートカット	機能
Ctrl &矢印	データのある端まで移動
Ctrl & Shift &矢印	データのある端まで選択
Ctrl & Space	列の選択
Shift & Space	行の選択
Ctrl & −	列/行の削除
Ctrl & Shift & +	列/行の追加
Ctrl & 0	列の非表示
Ctrl & 9	行の非表示
Alt→O→R→E	セルの高さ変更
Alt→O→C→W	セルの幅変更
Ctrl & 1	セルの書式設定
Alt→H→J	スタイルの設定
Alt→H→H→N	セルの塗りつぶしなし
Alt→A→V→V	データの入力規則
Alt→W→V→G	目盛線の有無の変更
Alt→W→F→F	ウィンドウ枠の固定
Alt→W→Q	ズームの変更
Alt→W→J	ズームを100%に変更

①Ctrl & −

Ctrlと−を同時に押すと列または行を削除できます。実際には列と行のいずれを消したいかによって、

「Ctrl & Space」か「Shift & Space」

を選択します。その後に「Ctrl & −」を押して、選択した列または行を削除します。

②Ctrl & Shift & +

列または行を挿入したい場合には

「Ctrl & Shift & +」

を使用します。①と同様に、どちらを挿入したいかに応じて操作します。単純な

「Ctrl & Space」「Ctrl & Shift & +」または「Shift & Space」「Ctrl & Shift & +」

55

では、1つ左の列か上の行の書式もコピーされてしまうため、通常は書式未設定の対象箇所を

「Ctrl & Space」「Ctrl & C」または「Shift & Space」「Ctrl & C」

でコピーしてから、上記の操作で列または行を挿入します。

(4) シートの編集および移動

ショートカット	機能
Shift & F11	新規シートの挿入
Alt→E→L	シートの削除
Alt→O→H→R	シート名の変更
Alt→H→O→T	シートの色の変更
Ctrl & PgUp	左のシートに移動
Ctrl & PgDn	右のシートに移動

(5) その他

ショートカット	機能
Alt & F1	現シートに棒グラフを作成
F11	新しいシートに棒グラフを作成
F7	スペルチェック
F12	名前を付けて保存
Alt→F→T	エクセルのオプション

①Alt & F1

その他のショートカットとして、モデルのエラーの検出や傾向を把握するのに便利な機能を紹介します。例えば、以下のモデルのレビューを行います。

売上総利益の推移を簡便に確認するためには、**図表4-1**のとおり、売上総利益のFY19〜FY22を選択し、「Alt & F1」を押すと**図表4-2**のような棒グラフが作成されます。

このチャートでは、3（FY21）で不自然な推移が見られたため、FY21の計数を精査すると、売上原価の参照先が誤っていることが分かりました。

償却費についても、同様に「Alt & F1」で確認すると、**図表4-3**のような棒

図表4-1 財務モデル（抜粋）

財務モデル

Sample - DRAFT MODEL - Model Testing Incomplete

財務諸表

			FY19	FY20	FY21	FY22
FYラベル			Actual	Forecast	Forecast	Forecast
期間ラベル			Actual	Forecast	Forecast	Forecast
期間開始日			1 Apr 19	1 Apr 20	1 Apr 21	1 Apr 22
期間最終日			31 Mar 20	31 Mar 21	31 Mar 22	31 Mar 23
	単位	行合計				

財務諸表

損益計算書

		FY19	FY20	FY21	FY22
売上高	百万円	37,705	8,149	8,977	9,889	10,692
売上原価	百万円	(15,213)	(2,205)	(2,352)	(8,000)	(2,656)
売上総利益	百万円	22,492	5,943	6,624	1,889	8,036
販管費	百万円	(23,517)	(5,064)	(5,576)	(6,209)	(6,668)
EBITDA	百万円	(1,025)	879	1,048	(4,320)	1,368
償却費	百万円	(2,987)	(503)	(452)	(929)	(1,104)
EBIT	百万円	(4,012)	376	596	(5,249)	264
受取利息	百万円	6	3	0	2	1
支払利息	百万円	(246)	(18)	(13)	(108)	(106)
税前利益	百万円	(4,253)	361	583	(5,356)	159
税金費用	百万円	(631)	(284)	(175)	12	(184)
当期純利益	百万円	(4,884)	77	408	(5,344)	(25)

図表4-2：売上総利益の棒グラフ

財務モデル

Sample - DRAFT MODEL - Model Testing Incomplete

財務諸表

			FY19	FY20	FY21	FY22
FYラベル			Actual	Forecast	Forecast	Forecast
期間ラベル			Actual	Forecast	Forecast	Forecast
期間開始日			1 Apr 19	1 Apr 20	1 Apr 21	1 Apr 22
期間最終日			31 Mar 20	31 Mar 21	31 Mar 22	31 Mar 23
	単位	行合計				

財務諸表

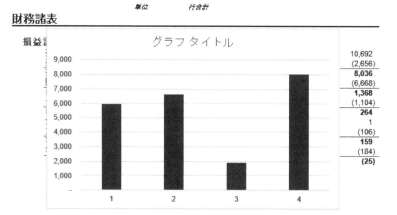

グラフが作成されました。

図表4-3：償却費の棒グラフ

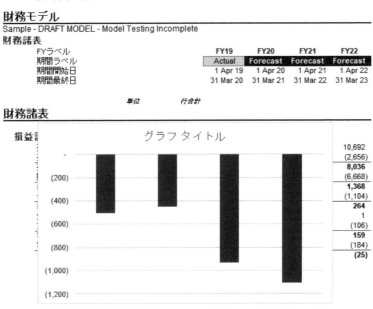

3（FY21）で大きく増加していますが、これはFY20期末に予定されている大型設備投資が影響していたので、合理的な推移であることがわかりました。

2 厳選／財務モデリングで多用される関数

（1）多用される関数一覧

一見矛盾するようですが、財務モデリングの上級者であればあるだけ、作成する財務モデルはシンプルで、難解な分析がわかりやすく表現されています。

複雑な関数や覚えたてのExcelの機能を使って満足感を得るのは、初級から中級にステップアップし始めた頃のモデル構築者によくみられますが、これはExcelの機能を使用すること自体が目的化してしまった悪い例です。あくまで意思決定やコミュニケーションのツールとして、分析やプレゼンテーションを行うことが目的です。

したがって財務モデリングで使用される関数も以下のようにシンプルなものが多く、これらをいかに使いこなすかが上級者への鍵となります。

ショートカット	機能
MAX	指定された値の中から最大値を求める
MIN	指定された値の中から最小値を求める
MEDIAN	指定された値の中から中央値を求める
SUMIF	選択された検索条件に一致する数値の合計を出す
SUMIFS	選択された複数の検索条件に一致する数値の合計を出す
SUMPRODUCT	範囲または配列の対応する要素の積の合計を出す
COUNTIF	選択された検索条件に一致するセルの個数を出す
COUNTIFS	選択された複数の検索条件に一致するセルの個数を出す
CHOOSE	指定した引数リストから特定の値を1つ選択して使用する
INDEX	指定された行と列が交差する位置にあるセルを取得
MATCH	指定された照合の種類に従って検査範囲内を検索し、検査値と一致する要素の配列内での相対的な位置を表す数値を取得する
INDEX（配列, MATCH, MATCH）	INDEX関数の「行」または「列」部分をMatch関数で指定
LEFT	文字列の先頭から指定された文字数を抜き出す
MID	文字列の指定された位置から指定された文字数を抜き出す
RIGHT	文字列の末尾から指定された文字数を抜き出す
ABS	数値を絶対値に変換する
IF	論理式が満たされている場合と満たされない場合で異なる数式または値を返す
CELLおよびLEN	シート名を取得するために使用する関数

（2）INDEX関数

財務モデリングにおいてINDEX関数はさまざまな場面で使用します。以下は代表例です。

①リストの作成

INDEX関数を利用したリストの作成は、まず**図表4-4**のようにマスタを作成します。ここでは、買収ターゲット候補先のパフォーマンスを、マネージメントケース、ベースケース、アップサイドケース、ダウンサイドケースの4つに分けて作成しています。

図表4-4：リストマスタ

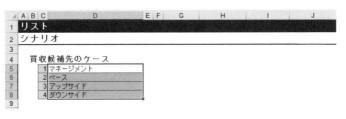

　次に、別シート（Sheet 1）でも同じリストを表示する場足、**図表4-5**のように C5〜C8セルに1〜4の番号を入力し、D5セルに「=INDEX（Lists!$D$5:$D$8, C5)」と入力します。「Lists!$D$5:$D$8」は図表4-4で作成したリストを参照しており、そこからC5セル番目（すなわち1番目）のセルを取得する数式になります。D5セルの数式を下にコピーすると、順次、2番目、3番目、4番目のセルを取得できるので、結果としてリストマスタで作成した項目が再現されます。このようにINDEX関数は、同じリストを何度も使用する場合に使います。リストマスタを編集すれば、それを参照しているすべてのリストが一括で更新されます。

図表4-5：別シートでのリストの利用

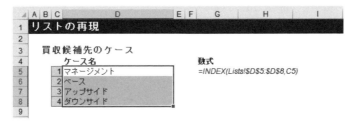

②シナリオの作成

　次はシナリオ作成時のINDEX関数活用法です。ここでは、3つのシナリオ（ベース、アップサイド、ダウンサイド）ごとに、それぞれ売上高成長率と売上原価率を設定するものとします。**図表4-6**のように、まずF5セルにシナリオ番号を入力し、次にF11セルに「=INDEX（H11:J11,,$F$5)」と入力します。この数式はH11〜K11の範囲で、F5セル列目（すなわち1列目）のセルを取得するので、Baseケースの売上高成長率である2.0%が表示されます。売上原価率は同様に、

55%となります。財務モデルでは、F11セルの売上高成長率、F12セルの売上原価率を参照して計算されるので、F5セルを変更すれば、選択されたシナリオの値が示されます。

　同じ効果を得るためにはCHOOSE関数も利用できますが、INDEX関数はシナリオ数を増減させるなどの変更に柔軟に対応できるため、可能な限りこちらを使用しましょう。

図表4-6：シナリオ作成におけるINDEX関数の活用

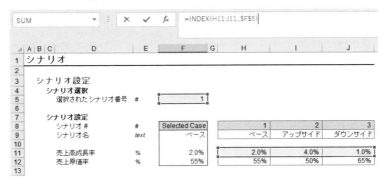

③INDEX-MATCH

　最後はINDEX関数とMATCH関数を組み合わせて、任意の科目をチャートで表示する方法です。**図表4-7**では、損益計算書が作成されていることを前提に、D28セルの勘定科目名をチャート表示しています。

図表4-7：ダイナミックチャート（EBITDA）

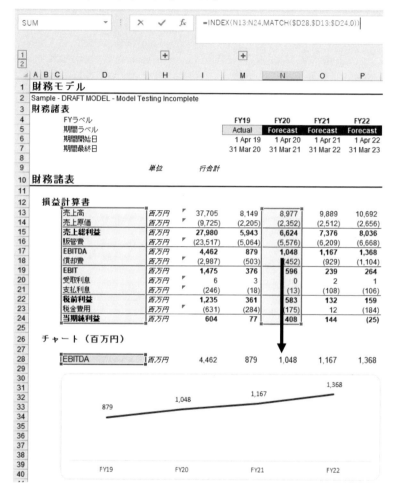

図表4-7のN28セルは、INDEX関数とMATCH関数の組み合わせです。まず、「=INDEX（N13:N24,」で参照する配列を指定し、次にMATCH関数によって何行目の数字を拾ってくるかを指定します。具体的には、「MATCH（$D28,$D13:$D24,0）」で、D28セル（＝EBITDA）が、D13:D24の配列の中で何番目にあるかを検索しています。売上高から数えてEBITDAは5番目ですので、MATCH（$D28,$D13:$D24,0）=5ということになり、結果的に「=INDEX（N13:N24,MATCH（$D28,$D13:$D24,0））」は「=INDEX（N13:N24,5）」となり、N13:N24の配列

の中から5番目のセル、つまりEBITDAの1,048百万円が表示されます。

　上記はFY20を例として示しましたが、FY19～FY22でも同様に、INDEX関数とMATCH関数の組み合わせによってEBITDAの計数が取得され、それをもとにチャートが作成されています。EBITDAを別の勘定科目に変更すると、自動的にチャートがアップデートされます。例えば**図表4-8**のように売上高に変更すると、「MATCH（$D28,$D13:$D24,0）」は5ではなく1になるので、売上高の計数が示され、チャートが更新されます。

図表4-8：ダイナミックチャート（売上高）

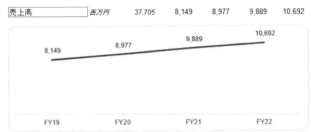

チャート（百万円）

| 売上高 | 百万円 | 37,705 | 8,149 | 8,977 | 9,889 | 10,692 |

　INDEX関数とMATCH関数の組み合わせの本質は、指定した行列（マトリックス）の中から柔軟に列番号と行番号を指定して必要な情報を取得できることにあり、非常に応用が効く関数です。

（3）ABS関数

　ABS関数は数値を絶対値に変換するもので、エラーチェックに使用します。例えば、貸借対照表の純資産を例にとると、「資産-負債」の金額と、「資本金、利益剰余金などの積み上げ」の金額の一致を確認するためには、2つの数字の差額をABS関数で絶対値にしてから、それが閾値として決めた値（例えば0.00001）よりも小さくなっていることを確認します。

　ここで「資産-負債＝純資産項目の積み上げ」のように「イコール」で検証しない理由は、論理的には同じでも、Excelでは、1,000億分の1などの極めて小さい誤差が出てしまうことがあり、「イコール」で結んだ結果エラーになることを防ぐためにABS関数を使用するのです。

（4）CELL関数とLEN関数

　財務モデリングでのCELL関数とLEN関数（RIGHT(CELL("filename",A$1),LEN(CELL("filename",A$1))-FIND("]",CELL("filename",A$1))))）は、多くの場合、シート名を取得するために使用します。Office365では、**図表4-9**のように数式の中に@マークがつきます。

図表4-9：シート名の取得

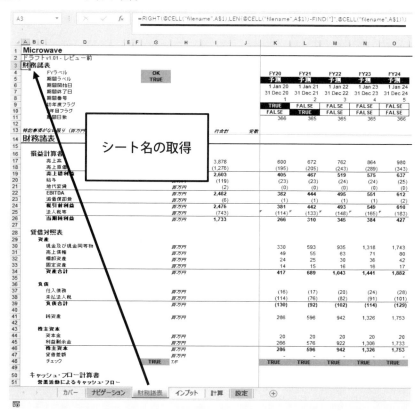

おわりに

　本書では、財務モデリングに関する話題を幅広く記載しました。第2章第2節の「財務モデルの構築ステップ」では、システム開発との類似性を感じられたかもしれません。紙幅の都合で今回は詳説していませんが、財務モデリングは財務（ファイナンス、会計、税務）とテクノロジーの融合分野でもあり、これまでのやり方に加えて、データ分析やダッシュボードなどのデジタルソリューション分野を、世界の多くの国々で、財務モデリングの専門家がリードしています。

　財務モデリングに興味を持たれた方には、第3章の入門から初級レベルまでのケーススタディと回答例の活用をお勧めします。「習うより慣れろ」の言葉どおり、ルールを学んだ後は、質の高い財務モデルをお手本にしながら、何度も繰り返し手を動かして練習をし、自分のスタイルを身につけましょう。その後に、さまざまな講座を受講したり、多くの案件で財務モデリングを作成したりしながら意思決定やコミュニケーションに役立てる経験を通じて、中級、上級へと進んでいくことができます。

　財務モデリングとその先に広がる幅広い分野に興味を持たれた読者の皆様と、ご一緒できる機会が来ることを楽しみにしております。

◇著者紹介◇

中尾　宏規（なかお　ひろき）

公認会計士、米国公認会計士（ニューヨーク州）、CFA協会認定証券アナリスト、Master Financial Modeler

　大手監査法人において、東証プライム上場企業およびSEC上場企業を中心に、会計アドバイザリー業務および監査業務などに従事した後にPwCアドバイザリー合同会社に入社。

　PwCでは、モデリング、バリュエーション、統計・データ分析・AI等を活用した定量分析およびファイナンス理論に基づき、M&A、LBO、プロジェクトファイナンス等の場面において、戦略策定・評価、事業計画策定、企業価値経営（財務戦略、投資評価管理、ROIC経営等）、リスク・リターン分析などによる意思決定支援および経営管理高度化を通じた企業価値向上を支援。

　PwC Global Deals Modelling Leaders Groupに所属し、ニューヨークおよびドイツでの駐在経験を有する。また、グローバルに展開する財務モデリングスキルの認定機関より、実務経験、モデリングスキル、リーダーシップ、モデリング業界への貢献をもとに世界で6名（アジアでは唯一）の最初のMaster Financial Modelerに認定された経歴を持つ。プライベートでは、自身のファイナンシャルプラニング目的でキャッシュフローモデルを作成し、感応度分析やシナリオ分析も行っている。

執筆者へのメッセージは以下のLinkedinから送ることができます。
https://www.linkedin.com/in/hiroki-nakao-cfa-cpa-81943b123/

M&A Booklet

Modelling　プロフェッショナル財務モデリング—入門と実践—

2024年6月25日　第1版第1刷発行
2024年7月5日　第1版第5刷発行

著　者　中　尾　宏　規
発行者　山　本　　　継
発行所　㈱中 央 経 済 社
発売元　㈱中央経済グループ
　　　　パ ブ リ ッ シ ン グ

〒101-0051　東京都千代田区神田神保町1‑35
電話　03（3293）3371（編集代表）
　　　 03（3293）3381（営業代表）
https://www.chuokeizai.co.jp
印刷・製本　文唱堂印刷㈱

© 2024
Printed in Japan

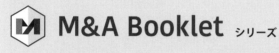

M&A Booklet シリーズ

「M&Aの世界を旅する」をテーマに、M&Aにまつわるさまざまな
知識、技法、トピックなどを幅広く取り上げました。

BDDを知る ビジネスDDの全体像と設計

ビジネス・デューデリジェンス 個別編Ⅰ　PwCアドバイザリー合同会社 編

ビジネスＤＤの本質と全体的な進め方、計画策定から対象会社の実態把握、価値創出・向
上策の検討に至る一連の流れについて、分析・検証の実施内容やポイントについて概説する。

BDDを進める 実態把握とM&Aでの活用

ビジネス・デューデリジェンス 個別編Ⅱ　PwCアドバイザリー合同会社 編

事業構造分析・業績向上分析について解説するとともに、その結果を用いて買収対象会社
の事業計画の妥当性や修正事業計画策定の検討、分析結果の活用方法などを概説する。

BDDを磨く シナジー検討とビジネスDD技法

ビジネス・デューデリジェンス 個別編Ⅲ　PwCアドバイザリー合同会社 編

Ｍ＆Ａにおける買い手と対象会社間のシナジーやアクションプランの策定、ビジネスＤＤ
作業を進めるうえでの情報収集と成果物としての表現手法などの基本的技法を紹介する。

BDDを活かす 各種DDとの連携と応用

ビジネス・デューデリジェンス 個別編Ⅳ　PwCアドバイザリー合同会社 編

ＢＤＤとともに実施される法務、財務、税務のＤＤや人事・ＩＴなどの機能ＤＤとの連携
と業界により異なるＢＤＤの主要論点を概説し、多様化する派生型のＤＤを紹介する。

BDDをさらに広げる 企業ステージ別の論点

ビジネス・デューデリジェンス 番外編　PwCアドバイザリー合同会社 編

さまざまなビジネスＤＤの中から、「企業ステージ」に着目し、近年増加するスタートアッ
プ企業や再生局面にある企業に対するＢＤＤと通常のＢＤＤとの差異に絞って解説する。

中央経済社